H. Gravelot del.

A. J. Duclos Sc.

Le Baron.

Tu gardes le Silence; .... & tu pleures ?

Acte III.ᵉ Scene 7.

L'AMOUREUX

DE QUINZE ANS,

O U

LA DOUBLE FÊTE,

C O M É D I E

EN TROIS ACTES ET EN PROSE,

MÊLÉE D'ARIETTES;

Représentée devant SA MAJESTÉ, *à Fontainebleau, le* 12 *Octobre* 1771.

DE L'IMPRIMERIE,

De CHRISTOPHE BALLARD, feul Imprimeur du Roi pour la Mufique, & Noteur de la Chapelle de Sa Majefté.

M. DCC. LXXI.

Par exprès Commandement de Sa Majefté.

Les paroles font de M. L A U J O N, Secré-
taire des Commandemens de S. A. S.
M. le Prince de B O U R B O N.

La Mufique de M. M A R T I N Y.

Les Ballets font de la compofition de
M. L A V A L, Compofiteur des Ballets
de Sa Majefté.

ACTEURS.

LE MARQUIS, Pere de Lindor.	Le Sr. Clairval.
LINDOR.	La Dlle. Trial.
LE BARON, Pere d'Hélène.	Le Sr. Caillau.
HÉLENE.	La Dlle. la Ruette.
JACINTE, Gouvernante d'Hélène.	La Dlle. Berard.
M. DUPUIS, Précepteur de Lindor.	Le Sr. La Ruette.
LE MAGISTER.	Le Sr. Nainville.
LA NOURRICE de Lindor.	La Dlle. Favart.
THOMAS, Payfan.	Le Sr. Trial.
BABET, jeune Payfanne.	La Dlle. Beaupré.

PAYSANS, PAYSANNES de la Terre du Marquis.

PAYSANS, PAYSANNES de la Terre du Baron.

MÉNÉTRIERS.

Un Maître d'Hôtel du Marquis.

Un Domeftique du Marquis.

La Scène fe paffe dans le Château du Marquis.

A ij

PERSONNAGES DANSANS.

Payſans du Village du Marquis.

Les Srs. DESPRÉAUX, ROGIER.
Dlles. GRANDI, LECLERC.

Jeunes Villageoiſes.

Le Sr. SIMONIN, la Dlle. DELORME,

Quatre Ménétriers.

Payſans du Village du Baron.

Les Srs. LÉGER, GRANIER.
Dlles. GAUDOT, LA FOND.

Vieux & Vieille.

Le Sr. GIGUET, la Dlle. ADELINE.

Pâtre & Paſtourelle.

Le Sr. DAUBERVAL, la Dlle. ALLARD.

Cinq Payſans portant des Berceaux.

Les Srs. HYACINTHE, TRUPTI, DUBOIS,
BÉAT, & LAVAL fils.

L'AMOUREUX DE QUINZE ANS,
COMÉDIE.

ACTE PREMIER.

Le Théâtre représente un Vestibule orné.

SCENE PREMIERE.

LE PRÉCEPTEUR, LA GOUVERNANTE.

LA GOUVERNANTE.

MAIS, dites-moi donc, Monsieur, à l'âge de Mademoiselle Hélène.... à dix-huit ans.... ne s'occuper que du couvent !

A iij

LE PRÉCEPTEUR.

Eh mais ! à l'âge du jeune Lindor.... à quinze ans enfin, ne rêver qu'au mariage !

TOUS DEUX.*

Je n'en parle pas de fang-froid.

LE PRÉCEPTEUR.	LA GOUVERNANTE.
Tant de goût pour le mariage ;	Tel dégoût pour le mariage ;
Mais à quinze ans !	Mais à fon âge !

TOUS DEUX.

Dites-moi fi cela fe croit.

Tant de goût pour le mariage ! Et chaque jour ce goût s'accroît : Oui, j'en ris de bon cœur : Pauvre Précepteur !	Tel dégoût pour le mariage ! Chaque jour ce dégoût s'accroît. Cela m'impatiente : Oui, j'en fuis en fureur : Pauvre Gouvernante !

LA GOUVERNANTE.

Eh vraiment ! il n'y a qu'à en rire pour vous ; mais pour moi !

LE PRÉCEPTEUR.

Je conçois que cela vous afflige.

LA GOUVERNANTE.

Ah ! Monfieur, fi cela m'afflige ! Vous pouvez en juger, après les foins que je me fuis donnés . . . .

* Duo fupprimé.

LE PRÉCEPTEUR.

Et qui ont tourné à votre satisfaction assurément.

LA GOUVERNANTE, *prenant l'air plus gai, vivement.*

Personne ne peut mieux les apprécier que vous ; car votre pupille....

LE PRÉCEPTEUR, *d'un ton de satisfaction.*

Ma foi....

LA GOUVERNANTE.

Oh ! il est charmant.

LE PRÉCEPTEUR.

Comme votre pupille.

LA GOUVERNANTE, *avec joie.*

Oh ! c'est la vérité, il faut en convenir... Vous ne sauriez croire, Monsieur, le plaisir que j'ai de causer avec vous.

LE PRÉCEPTEUR.

C'est que nous sommes tous deux dans les mêmes principes.... bien attachés à nos Élèves.

LA GOUVERNANTE.

Je vous dirai qu'Hélène n'entend jamais parler tranquillement de tous les talens que Lindor vous doit.

LE PRÉCEPTEUR.

C'est ce que j'ai remarqué.

LA GOUVERNANTE.

Elle ne conçoit pas que la différence d'âge n'en admette point dans les progrès.

A iv

LE PRÉCEPTEUR.

I.

Son esprit est précoce en tout ;
Ses progrès sont, comme son goût,
Bien au-dessus de son âge ;
Ce goût vif, dont je ne dis rien,
L'anime encor plus à l'ouvrage :
On rit d'un mal d'où naît un bien.

I I.

En moi, soit qu'il craigne un censeur,
Sur ce grand secret de son cœur,
Son confident, c'est son pere.
Il fait tout ; moi, je ne vois rien,
Que la tendresse qui l'éclaire ;
Je ris d'un mal qui mene au bien.

LA GOUVERNANTE.

D'ailleurs, Lindor n'a que quinze ans, au lieu qu'Hélène en a dix-huit. Et quand une éducation vous fait honneur dans le monde....

LE PRÉCEPTEUR.

Oh ! c'est cruel.

LA GOUVERNANTE, *abondant dans son sens.*

Ce n'est pas ma gloire personnelle que je regarde ; mais la douleur que cela doit faire au pere, qui est le meilleur homme, le plus digne homme du monde, comme vous savez ; la franchise même, & qui a besoin de toute sa gaieté naturelle pour résister au chagrin que cela lui fait.

LE PRÉCEPTEUR.

Il eſt vrai que Monſieur le Baron....

LA GOUVERNANTE.

Comment, Monſieur! Seigneur de cette belle Terre, où nous nous ſommes vus l'année paſſée, & qui n'eſt qu'à un pas de celle-ci; n'ayant d'enfant qu'une fille, qu'il couve des yeux, & qui refuſe tous les partis qu'on lui préſente : plus on s'obſtine à lui en parler, plus elle tient pour le couvent. Pour moi, je ſais bien que je n'ai pas de goût pour la retraite; mais en vérité..... oui, Monſieur, je crois que je l'y ſuivrois..... c'eſt que j'aime tant ma chere Hélène !

LE PRÉCEPTEUR.

Eh! Madame, ſi vous ne l'aviez aimée, ſon éducation s'en reſſentiroit.

LA GOUVERNANTE.

Oh! vous avez bien raiſon.

On ne peut élever l'Enfance,
Pour peu qu'il en coûte à l'aimer;
Jeune cœur qu'on ſe plaît à former,
Nous attache plus qu'on ne penſe.

Avec douceur,
Mais ſans foibleſſe,
Contre l'humeur,
Lutter ſans ceſſe;
C'eſt un tourment, un vrai tourment,
Si la tendreſſe
A la maitreſſe,
N'offre un attrait.... ne ſert d'aimant.

TOUS DEUX.

On ne peut élever l'Enfance,
Pour peu qu'il en coûte à l'aimer,
Jeune cœur, &c.

LE PRÉCEPTEUR.

Quand la Raison
Vient avec l'âge,
Que la leçon
Plaît davantage !
Le succès suit, le Maître dit :
« Prenons courage....
» C'est mon ouvrage
» Qu'on applaudit ».

TOUS DEUX.

On ne peut élever l'Enfance, &c.

LE PRÉCEPTEUR.

Allez, allez, croyez que les plaisirs qu'on cherche ici à procurer à Hélène, la distrairont peu-à-peu de ses idées sombres.

LA GOUVERNANTE.

Il est vrai que je regarde comme un bonheur que Monsieur son pere l'ait amenée chez Monsieur le Marquis ; elle y paroît plus gaie ; mais.... toujours un fond de rêverie....

LE PRÉCEPTEUR.

Qui se dissipera..... A propos, n'est-ce pas aujourd'hui la fête de Monsieur le Baron ?

LA GOUVERNANTE, *souriant.*

Oui ; mais c'est aussi celle de Monsieur le Marquis..... Pourquoi cette question ?

LE PRÉCEPTEUR, *souriant.*

C'eft que j'imagine que cela répandra dans le Château un peu plus de gaieté.

LA GOUVERNANTE.

Comment ! eft-ce que vous fauriez ?....

LE PRÉCEPTEUR.

Eft-ce que Lindor s'occupe d'autre chofe depuis quelques jours?

LA GOUVERNANTE.

Je ne le croyois pas dans la confidence d'Hélène.

LE PRÉCEPTEUR.

C'eft Hélène & fon pere qui ne doivent pas être dans la fienne.

LA GOUVERNANTE.

Je ne vous entends pas.

LE PRÉCEPTEUR.

C'eft une efpèce de fête, un divertiffement.

LA GOUVERNANTE.

Oui; mais il ne faut pas que Monfieur le Marquis ni fon fils en fachent rien..... Attendez donc : je vois que vous cherchez à me faire jafer, & j'en dis trop; auffi-bien voici Hélène, laiffez-nous, je vous prie.

(*Il fort.*)

SCENE II.

HÉLENE, LA GOUVERNANTE.

HÉLENE.

Eh! ma Bonnne, à quoi vous amufez-vous? je vous cherche par-tout.

LA GOUVERNANTE.

Ma foi, Mademoifelle, je crois notre fecret découvert; on a parlé de fête.

HÉLENE.

Ah! ma Bonne! vous aurez jafé.

LA GOUVERNANTE.

Moi! jafer, Mademoifelle! Ah!.... Mais vous-même, ne vous ferez-vous point trahie? Lindor....

HÉLENE.

Lindor, ma Bonne?.... Dans un petit divertiffement du moment, que je prépare à Monfieur le Marquis, & que je dois bien à la manière honnête dont il nous reçoit, je me ferois bien gardée de mettre fon fils dans ma confidence.

LA GOUVERNANTE.

Cela étant, j'ai bien fait de ne rien dire à Monfieur Dupuis, qui, nous voyant l'air un peu occupé, cherchoit, en effet, à nous faire jafer; mais votre fecret étoit en bonnes mains.

HÉLENE.

A la bonne heure ; car le plaifir de ces petites fêtes n'eft que dans la furprife ; & vous favez que, pour la ménager, je n'ai pris pour Acteurs que les Payfans de la Terre de mon pere : mais voyez un peu s'ils arrivent, & vous m'avertirez.

LA GOUVERNANTE.

Ils arriveront, ils fauront leurs rôles ; foyez tranquille..... Je fuis fi contente, quand je vous vois quelques momens de gaieté, qué..... Enfin, ma chere Hélène, j'y vais.

SCENE III.

HÉLENE, *feule.*

Ah ! qu'elle feroit raffurée, fi elle pouvoit lire dans mon cœur ! Le goût que j'affecte pour la retraite intimide & retient Lindor fur l'aveu qu'il ne cherche qu'à me faire ; il empêche mon pere de me parler de mariage : je fens que je l'afflige ; mais auffi que nous ferions heureux !... Il n'a point de meilleur ami que le Marquis.... Voir l'hymen refferrer entr'eux les liens de l'amitié, quel bonheur ! Ah ! Lindor, que n'avez-vous mon âge !

Oui, je partage votre ardeur :
Oui, Lindor, pour vous je foupire :

Mais je garderai dans mon cœur
L'aveu que le vôtre defire.

Nous n'avons fur notre bonheur
D'obftacle que votre jeuneffe ;
Mais elle excufe la rigueur
Dont vos yeux m'accufent fans ceffe.
Oui, &c.

Plus je vous vois, & plus je fens
Que l'efprit & que les talens,
A tout âge, ont droit de féduire :
L'Amour m'en peint tous les appas ;
   Mais ce n'eft que pas à pas
Qu'au bonheur il peut nous conduire.
Oui, &c.

Jacinte ne revient point !... Nos gens doivent
être arrivés.... cela m'impatiente.... Elle fait la
peine que j'ai eue à déterminer mon pere à aller
à la chaffe.... & cela, pour veiller avec plus de
liberté à mon petit projet..... Et je gage qu'elle
s'amufe..... Non, en vérité..... Ah ! je vois le
Marquis & fon fils : allons vîte trouver ma
Bonne.

(*Elle fort.*)

SCENE IV.

LE MARQUIS, LINDOR.

LE MARQUIS.

Dis-moi donc, mon fils; qu'eft-ce-que c'eft que ces Payfans qui te cherchoient ? Il me femble que j'ai vu des violons....

LINDOR.

Eh ! mais, mon pere, vous oubliez que c'eft aujourd'hui votre fête; ils venoient favoir à quelle heure on danferoit au Château ; mais ce n'eft pas-là ce qui vous intéreffe : dès que je vous parle mariage, vous cherchez toujours à détourner la converfation.

Le mariage eft fait pour moi.

LE MARQUIS, *feignant d'abonder dans fon fens.*

Plus j'y fonge & plus je le crois.

LINDOR.

Vous plaifantez, mon pere.

LE MARQUIS.

Moi?

LINDOR.

Vous.

LE MARQUIS.

Moi?

LINDOR.

Vous. { Eh! je le voi.
LE MARQUIS. { Eh! non, ma foi.

Sur quoi?

LINDOR.

Sur quoi!

Je vous connois.

LE MARQUIS.

Puis-je mieux faire;

Je dis, je penfe comme toi.

LINDOR.

Vous plaifantez, mon pere.
Cela me défefpere.
Le mariage eft fait pour moi.

LE MARQUIS.

Plus j'y fonge, & plus je le croi.

Mais tu ferois bien étonné, fi je te prouvois
que je m'en occupe plus férieufement que tu ne
penfes?

LINDOR.

Vous, mon pere?

LE MARQUIS.

J'ai trois ou quatre partis en vue.

LINDOR, *avec vivacité.*

Eh bien! ne vous le difois-je pas? Vous en
avez en vue trois ou quatre, afin de ne vous
décider fur aucun....

LINDOR.

LINDOR.

Enfin vous me l'avez promis,
C'eft un fait.... ma mémoire eft bonne :
Voulez-vous tromper votre fils,
Vous qui n'avez trompé perfonne ?...
Avec la parole d'un pere,
On eft bien fort, on eft bien fort.

(*Careffant fon pere.*)

Un bon cœur, à qui j'aime à plaire,
A mes yeux ne peut avoir tort.

(*Le Marquis veut l'interrompre, Lindor continue, &*
comme s'il lui coupoit la parole.)

Un moment, daignez le permettre ;
Tout n'eft pas dit... Dans chaque lettre
Que j'ai de vous,
Voyez, lifez ces mots fi doux.

(*Il lit fur plufieurs Lettres ce qui fuit.*)

» Mon fils, mets-toi vîte en état de feconder
» ton pere.... Songe à t'avancer, mon cher fils ;
» fonge que je n'attends que cela pour te
» marier....»

Dans toutes, c'eft même langage :
Toujours l'efpoir du mariage....
Sur cet efpoir que vous fondiez,
Vous m'encouragiez ;
Vous le fçavez, vous exigiez
Travaux, progrès....
Ardeur... fuccès?...
Et quand tous vos vœux font remplis...
Et quand mes travaux font finis...
Et quand mes fuccès font fuivis....

B

Vous changeriez d'avis ?

(*D'un ton patelin.*)

Non, non.... Enfin, vous me l'avez promis, &c.

LE MARQUIS.

Eh ! crois-tu, dis-moi, que je te destine au célibat ?

LINDOR.

Je crois..... que vous vous occupez de toute autre chose que de me tenir parole.

LE MARQUIS.

Mais.... tu veus que je m'occupe de te choisir une femme, & je n'ai pas encore congédié ton Précepteur.

LINDOR.

Mon Précepteur ? Il n'y a qu'à le garder pour mes enfans.

LE MARQUIS.

C'est songer à tout ; mais n'en as-tu pas encore un peu besoin pour toi-même ?

LINDOR.

Ne fais-je pas tout ce que vous m'avez fait apprendre ?

Je sçais le Latin assez bien.

LE MARQUIS, *d'un ton d'ironie.*

Assez bien ? Passe.

LINDOR.

Passe ?

LE MARQUIS.

Passe.

LINDOR.
Vous croyez me faire une grace ?
LE MARQUIS.
Paffe.

LINDOR.
Paffe ?
{ On diroit que je ne fçais rien.
LE MARQUIS.
{ Non, tu fçais tout, & j'en convien;
LINDOR.
Je fçais Latin, Géométrie.
LE MARQUIS.
Géométrie ?
LINDOR.
Géométrie,
Fable, Hiftoire & Géographie ;
{ Et, felon vous, je ne fçais rien.
LE MARQUIS.
{ Non, tu fçais tout, & j'en convien;
LINDOR, *en riant.*
Et ma mémoire,
Sans m'en faire accroire,
Me fert affez bien.
LE MARQUIS.
Que trop bien.
LINDOR, *en riant.*
Paffe ?
LE MARQUIS.
Paffe.
LINDOR.
Paffe ?
Vous ne me faites point de grace,
Vous oubliez, & je retien.....

Près de vous , quel fort eft le mien !
L'air modefte ne gagne rien.

LE MARQUIS.

L'air modefte ne gâte rien.

Mais , modeftie à part, tu ne me parles que de ton efprit : je veux qu'il foit formé.... Et ton cœur ?

LINDOR.

Mon cœur?.... Ah ! fi j'ofois.....

LE MARQUIS.

Comment ?

LINDOR.

Enfin.... il fe formera fur le vôtre.

LE MARQUIS, en fouriant.

Oh ! tu veus me gagner ; tu me fais des com-plimens.

LINDOR.

Qui ne me réuffiffent gueres.

LE MARQUIS, d'un ton un peu plus férieux.

Je vais te faire voir que j'ai meilleure opinion de ton efprit que tu ne penfes, en entrant avec toi dans des détails qui feroient au-deffus de ton âge , fi je te connoiffois moins.

LINDOR, vivement & avec un peu d'impatience.

Mon âge ?

LE MARQUIS.

Écoute.

Je fuis Seigneur de ce Village ;
Un jour il fera ton partage.

Sçais-tu tout ce qu'il faut fçavoir
Pour ton bonheur & ton devoir?
 Je te parle en pere :
 Mais , fi je t'éclaire,
Je fuis heureux ; c'eft mon efpoir. . . .

 Avec complaifance ,
 Adoucir le poids
 De l'obéiffance ;
 Par la bienfaifance ,
 Lier à fes droits
 La reconnoiffance ;
 Rendre à fes Valets
 Le travail facile ;
 Vifer à l'utile,
 En fixant la paix ;
Avec un voifin difficile,
Avec un Fermier trop habile ,
Eviter plaintes & procès....

De tout bon Seigneur de Village ,
Tels font les travaux & les vœux :
Ces foins font-ils faits pour ton âge? . . .
Et , pour couronner fon ouvrage ,
Rendre fes habitans heureux ! . . .

Tu fçais tout ; & moi, pour leur bien ,
Tiens , je crois que je ne fçais rien ,
 Quand chaque aurore
 M'éclaire encore
Sur leur bonheur & fur le mièn.
 Oui , chaque aurore
 M'inftruit encore,
Pour leur bonheur & pour le mien.

LINDOR.

C'eft-à-dire , qu'il faudroit que j'attendiffe encore tranquillement quinze ou feize ans , n'eft-ce pas ?

LE MARQUIS.

Oh ! non, non ; tu vas voir que je fuis plus raifonnable. Je t'ai dit que j'avois plufieurs partis en vûe ; il en eft un fur lequel je me déciderois affez volontiers, en ce que l'âge, le caractère, la figure , tout femble s'y réunir..... Tu connois la jeune Life ?

LINDOR.

La jeune Life ?

LE MARQUIS.

Eh ! oui, la fille du Marquis de Clainville , mon voifin & mon ami.

LINDOR.

La jeune Life, qui n'a qu'onze ans ?

LE MARQUIS, *vivement*.

Tu n'en as que quinze ; fon caractère promet, fa figure eft charmante ; & en vous laiffant, pour vous connoître & vous aimer, trois ou quatre ans.....

LINDOR.

Trois ou quatre ans, mon père !

LE MARQUIS, *vivement*.

Tu l'aimes peut-être déja !

LINDOR.

Ah ! fi j'ofois vous parler de mon choix, vous le trouveriez bien plus raifonnable.

LE MARQUIS, *cherchant à pénétrer son secret.*

Ah, ah! tu as fait un choix? Eh bien! voyons.

LINDOR.

Oui, j'irai vous dire mon secret, pour que vous en abusiez?

LE MARQUIS, *feignant de s'en aller.*

Eh bien! ne me le dis pas, je ne suis pas pressé.

LINDOR, *l'arrêtant, & avec impatience.*

Eh! mais, mon pere, vous ne me laissez pas seulement le tems de vous répondre.

LE MARQUIS.

Tu veux garder ton secret; je te le laisse.

LINDOR, *caressant son pere, vivement.*

Mais, non...... Tenez, mon pere, si l'objet de mon choix réunissoit tous les talens qu'on peut desirer, la figure la plus aimable, un caractère adorable... aimant son pere, comme je vous aime?

LE MARQUIS, *avec finesse.*

Je dirois que ce portrait ressemble fort à Hélène.

LINDOR, *avec embarras.*

Je ne vous dis pas que ce soit elle.

LE MARQUIS.

Vraiment! je te crois trop raisonnable.....
Tu te chercherois toi-même des obstacles; tu connois son éloignement pour le mariage.

LINDOR, *embarrassé.*

Mais, avant de vous dire son nom, répondez-moi, mon pere: si l'objet de mon choix, enfin,

B iv

juſtifioit le portrait que je viens de vous en faire....
que diriez-vous ?

LE MARQUIS, *cherchant à pénétrer ſon ſecret.*

Je dirois qu'il faut commencer par ſavoir ſi tu
lui plais.

LINDOR, *avec embarras.*

Mais.... ſi je parvenois à lui plaire ?

LE MARQUIS, *très-vivement.*

Écoute donc.... j'entends des chevaux dans la
cour du château ; c'eſt ſûrement le Baron qui
revient de la chaſſe.

(*Il ſort.*)

LINDOR.

Eh ! mon pere, vous ne m'en faites jamais
d'autres.

SCENE V.

LINDOR, *seul.*

Monsieur le Baron!..... Monfieur le Baron aime la chaffe ; le tems eft beau, il n'eft pas homme à revenir fi-tôt. (*Avec impatience.*) Oh!.... mon pere ne veut pas me marier..... c'eft fingulier..... il a une adreffe pour favoir tout ce qu'il veut de moi.... J'ai penfé vingt fois lui nommer Hélène.... mais attendons pour lui en parler. (*Avec fatisfaction.*) Oh! oui ; fi j'étois une fois fûr du cœur d'Hélène.... (*Très-vivement.*) C'eft aujourd'hui la fête de fon pere ; elle ne fe doute pas que je le fais. (*Avec la plus grande joie.*) Je fuis fûr de mes acteurs.... Oh! cela ira bien. Hélène a tant d'efprit ; elle fe doutera bien qu'elle eft le véritable objet de toutes les peines que je me fuis données..... Cela préparera mieux l'aveu que je veux lui faire..... (*Avec dépit.*) Ah! pourquoi ne fuis-je timide que devant elle ?

Qu'il eft cruel de n'avoir que quinze ans !
Que je m'en veux de ma jeuneffe !
Age qui formez les talens,
N'êtes-vous rien pour la tendreffe ?

Aimable objet qui m'avez fçu charmer,
Si ma jeuneffe effarouche mon pere,

Il fuffiroit de vous nommer,
Pour lui prouver que la raifon m'éclaire.

Qu'il eft cruel, &c.

Mais mon pere avoit raifon ! Voici Monfieur le Baron.

SCENE VI.

LE MARQUIS, LE BARON, *en habit de chaffe*, LINDOR.

LE MARQUIS.

Eh ! mais, mon cher Baron, vous voilà de retour de bonne heure !

LE BARON, *avec gaieté*.

Mon ami, il faut être de fociété à la campagne.

LE MARQUIS.

Mais vous êtes-vous amufé ?

LE BARON.

Si je me fuis amufé ?

LE MARQUIS ET LINDOR.	LE BARON.
C'eft un plaifir, en aimant cette chaffe, De chaffer avec nos Baffets.	Ah ! quel plaifir ! ah ! l'agréable chaffe !
Lindor, d'un ton capable.	Les braves chiens que vos Baffets !
Le Marq. { Je crois, Tu crois, quelque chofe qu'on faffe,	Ma foi, quelque chofe qu'on faffe, L'on n'en a point d'auffi parfaits.
Qu'on n'en a point d'auffi parfaits.	

LINDOR.

La bonne voix qu'a Muſtaraut !

LE MARQUIS.

Et quelle quête a Fanfaraut !

LE BARON.

Mais vous avez un Murmuraut !

LE MARQUIS ET LINDOR.

Oh ! Murmuraut ! oh ! Murmuraut !

LE BARON.

Quel chien !

LE MARQUIS ET LINDOR.

Bon chien.

TOUS TROIS.

Ah ! comme il chaſſe !

LE BARON.

Avec lui jamais de défaut :
Gardez-le bien.

LE MARQUIS.

C'eſt de la race
Du vieux Commandeur d'Égrivaut.

TOUS TROIS.

Ah ! quel plaiſir , &c.

LE BARON.

Et votre grand Piqueur Normand.

LE MARQUIS ET LINDOR.

N'eſt-il pas vrai qu'il eſt plaiſant ?

LE BARON.

Peut-on ne pas rire ,
Quand on l'entend dire :
» Où qu'ça , mes Valets ,
» Où qu'ça va ?

» Et ahi; & ahi, c'eſt-là

    » Qu'il a

» Verdendaillé dans l'z ozerets.

LE MARQUIS ET LINDOR.

Oui, c'eſt ſon ton, c'eſt ſa maniere.

LE BARON.

» Quêté ſur la Taupiniere.

LE MARQUIS ET LINDOR.

Oui, c'eſt ſon ton, c'eſt ſa maniere.

LE BARON.

    Toujours criant,

    Sifflant, chantant,

A chaque inſtant : » Aucoute, aucoute ;

Et l'on eſt ſûr, dès qu'on entend

» Vlau ;... qu'un Renard paſſe à la route ;

Murmuraut l'y mene à l'inſtant.

TOUS TROIS.

Ah ! quel plaiſir, &c.

LE BARON, à *Lindor.*

Mais j'ai une petite querelle à te faire : pourquoi n'es-tu pas venu à la chaſſe ? Tu m'avois dit que tu l'aimois à la fureur.

LE MARQUIS.

Il n'eſt pas fort conſtant dans ſes goûts.

LINDOR, *avec impatience.*

Courage, mon pere ! comme ſi vous ne ſaviez pas le contraire.

LE MARQUIS, *d'un ton ironique.*

Je ne t'en fais pas de reproches ; il y a nom-

bre de petites inconféquences que je paffe, parce
qu'elles font attachées à ton âge.

LINDOR, *avec impatience.*

Mon âge! toujours mon âge! Eh! mais, mon
pere, j'ai quinze ans..... Et quel âge, s'il vous
plaît, avoit le Cid?....

LE MARQUIS, *en l'interrompant.*

Oh!

LE BARON.

Défendez-vous, mon ami : (*A part, & au
Marquis.*) Il eft charmant.

LE MARQUIS, *à fon fils.*

Tu vas me chercher,.......

LINDOR.

Eh bien! eh bien!... dans un genre différent....
Tenez; vous me le difiez encore hier...... cet
Auteur Anglois...... ah! Pope, n'avoit-il pas
compofé à feize ans fes Eglogues, qui le firent
nommer le Virgile de l'Angleterre? Et à en juger
par mon cœur, je parierois bien qu'Ovide n'avoit
pas feize ans, quand il compofa fon art d'aimer.

LE MARQUIS.

Comment? vous avez lu......

LE BARON, *au Marquis.*

Eh! laiffez-le donc dire. (*A Lindor.*) Mon
cher ami, je t'affure, moi, que je te trouve
fort avancé.

LINDOR, *avec humeur.*

Eh! Monfieur, c'eft ce que mon pere ne veut
jamais croire.

LE BARON.

Mais tu viens de citer si à propos l'Art d'aimer; (*A demi-confidence.*) est-ce que tu aurois quelqu'inclination ?

LE MARQUIS, *vivement.*

Oh ! Baron, brisons là-dessus.

LINDOR, *avec impatience.*

Eh ! mon Dieu, mon pere, n'ayez pas peur, je ne parlerai point; quoique, si j'étois moins discret, je défierois Monsieur le Baron de désapprouver mon choix.

LE BARON, *vivement.*

Eh ! mais, Marquis, vous le chagrinez. (*A Lindor.*) Je veux que tu me mettes dans ta confidence; & je te promets, moi, de faire entendre raison à ton pere.

LE MARQUIS.

Cela sera difficile.

LE BARON.

Mais, voici ma fille; (*à Lindor.*) changeons de conversation; celle-ci ne l'amuseroit pas.

SCENE VII.

Les Acteurs précédens, HÉLENE.

LE BARON.

Bon jour, ma fille.

HÉLENE.

Comment vous portez-vous, mon pere?

LE BARON.

Très-bien, mon enfant.

HÉLENE.

Avez-vous fait bonne chasse?

LE BARON.

Très-bonne.

HÉLENE.

Je comptois que vous ne reviendriez que ce soir.

LE BARON.

Je te dirai tout franc que l'appétit m'a gagné.

HÉLENE.

Aussi, vient-on de me dire que l'on servoit.

LE MARQUIS.

Allons donc nous mettre à table.

LE BARON.

Vous me dispensez donc de faire toilette?

LINDOR.

Eh ! Monſieur, ne ſera-t-il pas aſſez tems après-dîner ?

LE BARON.

C'eſt que je vous vois plus parés qu'à votre ordinaire.

LE MARQUIS.

Je vous dirai que c'eſt aujourd'hui ma fête ; & mes habitans viennent..... danſent....

LE BARON, *vivement.*

Votre fête ! Eh ! mais, c'eſt la mienne auſſi ; vous m'y faites ſonger.

LE MARQUIS.

Double raiſon de gaieté..... Mais, tenez ; on vient nous avertir qu'on a ſervi.

LE BARON.

Allons, ma fille, donne-moi le bras, mon enfant ; plus de mélancolie ! aujourd'hui, ſur-tout. Je t'ai promis (*d'un ton de bonté.*) que je ne te parlerai plus de mariage ; ne me parle plus de couvent.

LE MARQUIS.

Ne parlons que de dîner.

LE BARON.

Volontiers, car j'ai une faim de chaſſeur ; c'eſt tout dire.

Fin du premier Acte.

ACTE

ACTE II.

Le Théâtre repréfente des Jardins agréables.

SCENE PREMIERE.

LE MARQUIS, LE PRÉCEPTEUR.

LE PRÉCEPTEUR.

Oui, Monfieur, c'eft la fête de Monfieur le Baron qui occupe fi fort Monfieur votre fils : je fuis dans fa confidence, enfin ; mais ce qu'il ne m'a pas dit, & que vous devinez fûrement, comme moi, c'eft que Mademoifelle Hélène eft le véritable objet de tous les foins qu'il rend à Monfieur fon pere.

LE MARQUIS, *rêveur.*

Eh ! je ne fuis pas à m'en appercevoir.

LE PRÉCEPTEUR.

Monfieur, c'eft une tête bien vive..... dans laquelle l'Amour fait bien des progrès.

LE MARQUIS, *toujours rêveur.*

Vous avez raifon.

C

LE PRÉCEPTEUR, *cherchant à lire dans les yeux du Marquis.*

Hum, hum ; ce qui doit bien vous donner autant à rêver, c'eſt que je crois que ſes ſoins ne déplaiſent point du tout à Mademoiſelle Hélène.

LE MARQUIS, *vivement.*

Bon !

LE PRÉCEPTEUR.

Bon !...... Je vous étonnerois donc bien, ſi je vous diſois que la ſurpriſe que Monſieur votre fils ménage à Monſieur le Baron ne ſera peut-être pas la ſeule dont vous jouïrez.

LE MARQUIS.

Comment ?....

LE PRÉCEPTEUR.

Oh ! c'eſt notre ſecret : il eſt, d'ailleurs, inutile de vous en prévenir ; car vous le ſaurez dans un moment.

LE MARQUIS, *le preſſant.*

Mais enfin ?....

LE PRÉCEPTEUR, *interrompant vivement.*

Enfin, Monſieur..... ſongez qu'il ne faut pas que Monſieur votre fils nous trouve enſemble : il eſt allé dans le village raſſembler ſes Acteurs.

LE MARQUIS.

Comment, ſes Acteurs?

LE PRÉCEPTEUR.

Eh ! oui, vos Payſans qui lui en ſervent ; ſa bonne nourrice, entr'autres,......

LE MARQUIS.

Elle joue un rôle?

LE PRÉCEPTEUR, *avec impatience.*

Oui, Monfieur..... mais je crains que Lindor n'arrive.

LE MARQUIS.

Un mot..... Ce qu'il a fait, eſt-il joli?

LE PRÉCEPTEUR, *avec un peu d'impatience, & en ſouriant.*

Vous le verrez.

LE MARQUIS, *lui ſouriant.*

Vous n'y avez pas nui?

LE PRÉCEPTEUR.

Oh! l'idée eſt de lui..... J'ai bien uſé un peu de mes droits de maître.

LE MARQUIS, *ſouriant.*

Ah! j'entends.

LE PRÉCEPTEUR.

Non; pour faire parler les Payſans leur langage, & voilà tout..... Mais par grace.....

(*Le preſſant de ſortir.*)

LE MARQUIS, *avec une tendre inquiétude.*

Enfin, ce qu'il a fait eſt joli?.... vous êtes content de lui?

LE PRÉCEPTEUR, *le reconduiſant.*

Eh! Monfieur, votre cœur ne ſe dément jamais.

(*Le Marquis ſort.*)

SCENE II.

LE PRÉCEPTEUR, *voyant aller le Marquis* *.

QUELS plaifirs plus intéreffans,
Que ceux d'un pere qui veut l'être !
Par dégrés il aime à connoître
Le cœur, l'efprit de fes enfans....
Leur plus doux, leur plus heureux Maître,
Il borne aux fuccès qu'il fait naître
Ses vœux les plus fatisfaifans.
Quels plaifirs font plus féduifans !...

Je crois voir, comme dans nos champs,
L'aimable & tendre Philomèle
Oublier l'attrait de fes chants,
Dès que l'Amour a befoin d'elle ;
Diriger, petit-à-petit,
Le gage d'une ardeur fidelle,
Vers la tendreffe qui l'inftruit ;
Trembler que l'effor de fon aîle
Ne trompe l'œil qui la conduit,
Et la Nature qui l'appelle :
Quels plaifirs plus intéreffans !... &c.

Mais Lindor m'a dit de l'attendre.... Il tarde
bien ! Ah ! le voici....

* Cette Ariette a été retranchée à la feconde repréfentation.

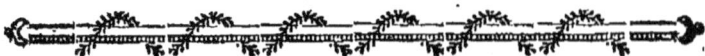

SCENE III.

LE PRÉCEPTEUR, LINDOR.

LINDOR, *arrive en courant, avec joie.*

Monsieur Dupuis.... Les voilà, les voilà....
ils me suivent.... ils savent leur rôle, mon cher
Maître..... Ah ! s'ils pouvoient le dire comme
ils viennent de le répéter devant moi !.... Oh !
çà, je leur ai recommandé de ne pas dire que
c'étoit de moi..... gardez-moi bien le secret.

LE PRÉCEPTEUR.

Eh ! votre joie vous décele déja.....

LINDOR, *avec vivacité.*

Oh ! je me contiendrai.... Je vais rejoindre la
compagnie : le Baron est sûrement habillé.... Les
voilà. (*Revenant sur ses pas.*) La Musique sera
notre signal.

LE PRÉCEPTEUR, *souriant.*

Oui.

LINDOR.

Quand je l'entendrai, je ferai descendre tout
le monde.

(*Il rentre.*)

LE PRÉCEPTEUR.

Allez, allez.

SCENE IV.

LE PRÉCEPTEUR, LA BONNE.

LA BONNE, *avec vitesse.*

Nos Acteurs font arrivés.

LE PRÉCEPTEUR.

Allez promptement les joindre..... Voilà les nôtres qui arrivent.

LA BONNE.

J'y cours.

LE PRÉCEPTEUR.

Songez que nous commençons.

LA BONNE.

Eh ! vraiment oui, au grand regret d'Hélène, qui m'a grondée ; mais qui confent à notre arrangement.

(Elle s'en va.)

LE PRÉCEPTEUR.

Cela n'en fera que mieux : allez , cela fera deux furprifes pour une.

SCENE V.

LE PRÉCEPTEUR, LA NOURRICE, THOMAS, & autres Payſans, Acteurs de la Fête.

LA NOURRICE.

Nous voilà..... Oh ! Monſieur Dupuis.... vous varrez ; oh ! vous varrez.

LA NOURRICE ET LES PAYSANS , à l'envi l'un de l'autre.

Je ſçavons tertous notre affaire.

LE PRÉCEPTEUR.
Plus bas !

LA NOURRICE ET LES PAYSANS , ſe diſant l'un à l'autre.

Plus bas !... Vous s'rais content de nous.
Ya tant de plaiſir à ben faire ,
Pour queuqu'un que j'aimons tertous ;...
Ça f'ra ben aiſe le cher pere....

UN PAYSAN.
De voir ſon fils....

LA NOURRICE.
Ce cher enfant !...
Que j'ons nourri...

UN AUTRE PAYSAN.
Qu'eſt ſi charmant...

C iv

UN AUTRE PAYSAN.

Qu'a tant d'efprit...

LA NOURRICE.

Qui cherche à plaire...

TOUS.

Au bon Seigneur que j'aimons tant.

LA NOURRICE ET TOUS LES PAYSANS,

l'un après l'autre. (*Voyant arriver la Bonne.*)

Paix ! v'là queuqu'un... Paix ! c'eft Man'zell' la Bonne.
Cach' ton bouquet, cach' ton bouquet.

LE PRÉCEPTEUR.

Elle fçait tout.

LES PAYSANS.

Elle eft au fait ?

LA BONNE, *au Précepteur.*

{ Mes gens font prêts.

LES PAYSANS.

{ Elle eft au fait.... L'affaire eft bonne.

(*A la Bonne.*)

Puifque vous êtes du fecret ,
Je fçavons tertous notre affaire.

LE PRÉCEPTEUR.

Plus bas !

LES PAYSANS, *l'un après l'autre.*

Plus bas !... Vous s'rais content de nous.

LES PAYSANS.	LA BONNE.
Y a tant de plaifir a ben faire ,	Tant d'ardeur doit vous fatisfaire :
Pour queuqu'un que j'aimons tertous.	C'eft chez vous tout comme chez nous.

LE PRÉCEPTEUR.

Qu'attendez-vous, pour commencer ?

LES PAYSANS.

Les Ménétriers; qu'i commencent.... Ah ! bon..... tenez, je les vois qui s'avançout.

LE PRÉCEPTEUR.

Commencez, quand il vous plaira.

***

SCENE VI.

LES PAYSANS, LES MÉNÉTRIERS.

LES PAYSANS, *aux Ménétriers.*

Arrivez donc; mettez-vous là: vous, là: moi, là : nous y voilà : oui, l'on nous a placés comme ça.....

LA NOURRICE, *indiquant la place que doit occuper le Baron.*

Songez que c'eft-là qu'il fera.

LES PAYSANS.

Nous favons ça, nous favons ça.

(*Les Ménétriers jouent une marche; pendant laquelle le Sallon s'ouvre ; alors les Muficiens menent la marche : les Payfans vont prendre la Compagnie, pour la conduire & la placer ; favoir, le Baron d'un côté, ayant fa fille auprès de lui & la Gouvernante ; de l'autre, le Marquis, fon fils & Monfieur Dupuis.*)

SCENE VII.

Tous les Acteurs Paysans & Paysannes.

LA NOURRICE, à *Thomas*.

T'Es dans tes atours ?

THOMAS.

Toi d'même.

LA NOURRICE.

Moi d'même.

LES AUTRES.

Nous d'même.

THOMAS.

Dam', te v'là brave à l'extrême.

LA NOURRICE.

Moi d'même.

LES AUTRES.

Nous d'même.

LA NOURRICE.

C'eſt qu'on vient fêter

Queut'zun qu'on aime,

Que j'voulons chanter.

THOMAS.

Moi d'même.

Pour lui j'ons fait

Un biau bouquet.

LA NOURRICE.

Moi d'même.

Pour lui j'ons fait

Faire un couplet.

THOMAS.

Moi d'même.

J'ons là ma chanfon.

LA NOURRICE.

Pardin', moi d'même.

J'la fçais tout du long.

THOMAS.

Pardin', moi-d'même.

LA NOURRICE.

Dam', ça dit beaucoup.

THOMAS.

Moi d'même.

LA NOURRICE.

Mais ça n'dit pas tout.

THOMAS.

Moi d'même.

❦

LE BARON.

Très-bien, Nourrice ; & vous de même ;
Maître Thomas.

THOMAS.

Oh! Monfeigneur, je favons ben que.....
Dam'.... on a un petit brin.... vous entendez
ben.... mais on n'eft pas ftilé à ça.... ce qui
fait qu'on n'eft pas dans l'accoutumance de ces
chofes-là : au demeurant, pour el cœur?....
oh ! ça.....

LE BARON.

Tout y eft..... comment ! quand vous feriez
des Acteurs de profeffion.....

THOMAS.

Ah !

LA NOURRICE, *à part, à Lindor.*

J'n'avons pas manqué, comme vous voyais.

LINDOR, *lui faifant figne de ne pas le regarder.*

Eh bien ?

LE BARON, *riant.*

Ah! voilà l'Auteur.

LINDOR, *embarraffé.*

Je ne dis pas cela..... mais ce n'eft pas là tout, fûrement ?

THOMAS.

Je favons ben ; mais v'là que j'y venons : eft-ce qui gnia pas les bouquets, donc ?

I.

THOMAS.

Que j'avions d'impatience
D'vous fleurir ici tertous !
Rien qu'en y fongeant d'avance,
(*Ils donnent leurs bouquets.*)
Ta la la la la la la la la la,
J'avions du plaifir chez nous.

I I.

LA NOURRICE.

J'voulions tous vous dir' queut'chofe,
J'crois qu'l'ardeur de vous fleurir
Attachoit à chaque rofe,
Ta la la la, &c.
Plus d'plaifir à la cueillir.

I I I.

THOMAS.

Vous prouver comme on vous aime ;

C'étoit ben aifé pour nous,
Quand not' jeun' Monfieur lui-même,
Ta la la la la, &c.
Nous en baill' l'exemple à tous.

IV.

LA NOURRICE, *montrant le Marquis.*

Ç't' amiquié lui vient d'famille.

THOMAS.

On verroit auffi clair, ça.....

LA NOURRICE.

Qu'les graces d'Man'zell' vot' fille,
Ta la la la la, &c.

TOUS DEUX.

Et la gaité d'fon Papa.

LE BARON.

De mieux en mieux, mes enfans.

HÉLENE.

C'eft charmant; de l'efprit, de la naïveté,
de la gaieté.....

LE BARON, *au Marquis.*

Mon ami, fi j'étois chez moi, mes habitans
vous le rendroient.... (*Les voyant arriver.*) Les
voilà!.... (*A Hélene, avec joie & furprife.*) Ah!
tiens..... Mais, voyons, voyons.....

(*Les Payfans qu'Hélène emploie comme Acteurs,
entrent alors fur une marche, ayant le Magifter
à leur tête.*)

SCENE VIII.

Les Acteurs précédens LE MAGISTER, BABET, Payfans & Payfannes de la Terre du Baron.

LE MAGISTER ET BABET, *alternativement.*

C'Est ben fort pour nous :
Mais c'eft doux pour vous,
De voir un Magifter
Qui fe donne l'air
De faire un couplet,
Tout comme en ont fait
(*Saluant les autres Payfans qui le leur rendent.*)
Tant de Meffieurs d'efprit,
Qui n'ont pas tout dit.

Ofer faire
Son affaire,
De vous faire un compliment :
Quoiqu'indigne,
S'mettre en ligne
Pour ça, dans l'inftant
Qu'il vous en vient tant ;

C'eft ben fort pour nous, &c.

Mais à quoi fert un cœur ?
A guetter, Monfeigneur,
Le jour où l'on fçait qu' l'on vous fête.

Qu'on foit bête,
Mais honnête....
L'efprit, ç'neft qu'du fel ;
Le cœur, c'eft tout miel....

C'eft ben fort, &c.

LE BARON, *avec joie au Marquis.*

Bien attaqué, bien défendu, notre ami.

LE MARQUIS.

C'eft la vérité ; on ne peut pas mieux, Monfieur le Magifter.

LINDOR.

Et je ne vous confeille pas de quitter votre
Mufe.

LE MAGISTER.

Mufe ! Je ne connois pas ça..... Non, non,
vous n'y êtes pas.

LE MARQUIS.

Je ne demande pas de qui cela vient.

LE BARON.

Du cœur de ma fille, qui a prévenu le mien.
Tu payes mes dettes, ma chere enfant ! Va,
va, ta reconnoiffance vaut bien la mienne.

LE MAGISTER.

Je n'vous ons pas nommée, toujours, Man'-
zelle.

BABET, *ou la Payfanne.*

Oh ! quand on nous défend queut'chofe.....
fur-tout Man'zelle. , ...

HÉLENE.

Oui, Babet, vous gardez très-bien mon secret.

LE MAGISTER.

Mais, ce n'est pas l'tout.

LE MARQUIS.

Tant mieux.

❀

I.

LE MAGISTER.

(*Ils donnent leurs bouquets.*)

Ah, ah, ah! v'là tous nos bouquets,
 Qu'on vous présente
  Par paquets.
 Y a bien des mains qui les ont faits :
 Car chacun, j'm'en vante,
 A mis sa fleur dans le bouquet ;
 Son mot dans l'couplet.

I I.

BABET.

Ah, ah, ah! drès l'fin point du jour,
 Gnia pas d'parterre
  D'alentour,
 Que j'n'ayons cueilli tour-à-tour ;
 Gnia pas d'Jardiniere,
 Qui, pour vous fleurir en ce jour,
 N'eût volé l'Amour.

I I I.

BABET.

Ah, ah, ah! disoit l'Magister,
 Vous voulez plaire ;
  V'là qu'est clair :
Mais ç'n'est pas l'tout d'chanter sur l'air,

Et

Et d'être sincere ;
Il faut encore en avoir l'air,
Difoit l'Magifter.

❦

LE MARQUIS, *aux Acteurs.*

Tout au mieux, en vérité . . . . . (*A Hélène.*)
& d'un efprit, d'une gaieté qui m'enchantent.

LE BARON, *avec joie.*

Ma foi, très-bien.

LA BONNE, *pleurant.*

Oh ! très-bien. . . . .

LE BARON.

Qu'eft-ce que vous avez donc ?

LA BONNE.

Ma foi, Monfieur, je pleure de joie.

LE BARON.

Je conçois cela.... (*A Hélène.*) Tiens, tu ne
faurois croire le plaifir que tu me fais..... & notre petite Babet ?

LE MARQUIS.

Une grace charmante à ce qu'elle dit.

BABET.

Ah ! Monfeigneur eft bien bon..... cela alloit
bien mieux ce matin..... Je recommencerois bien ;
mais c'eft que j'avons encore queur'chofe à dire.

(*Des Payfans apportent des berceaux, fur lefquels
font des devifes.*)

LE MARQUIS.

Oui ! remettons-nous donc à nos places.

LINDOR, *appercevant les berceaux.*

Ah ! mon pere, regardez donc..... c'eft charmant !   D

HÉLENE.

Il vous sied bien de me faire des complimens!

LE MARQUIS, *voyant changer les fleurs en devises.*

Ah! des devises!

LE BARON, *tirant sa loupe.*

Voyons, lisons.....

HÉLENE.

Je vais vous en éviter la peine.

« Le zèle a choisi chaque fleur,
» Le plaisir conduit son ouvrage :
» Simplicité dans notre hommage,
» Sincérité dans notre cœur ;
» De leur accord tout est l'image ».

LE BARON, LE MARQUIS, HÉLENE, LINDOR ET LES PAYSANS.

» De leur accord tout est l'image ».

LE MARQUIS.

Ma foi, mon cher Baron.....

C'est chez vous
Qu'on a cueilli les bouquets les plus doux.

LE BARON.

C'est chez vous,
Et je n'en suis point jaloux.

LES PAYSANS, *les uns aux autres.*

C'est chez vous, &c.

LE MARQUIS.

Ah! que mon cœur est flatté!

LE BARON.

Et le mien est enchanté.

Quel jour !

LE MARQUIS.

Qu'il a d'attraits !

Esprit, gaité, tout séduit....

LE BARON.

Mais....

TOUS DEUX.

C'est chez vous,

Qu'on a choisi les bouquets les plus doux ;

C'est chez vous,

Et je n'en suis point jaloux.

LES PAYSANS, *les uns aux autres.*

C'est chez vous, &c.

HÉLENE, *à la Bonne.*

Et les rubans ?

LINDOR, *au Précepteur.*

Et mon petit Marchand ?

Monsieur DUPUIS, *l'appercevant.*

Ah !....

(*On apperçoit sous les berceaux un petit Marchand avec des Paysannes qui portent des corbeilles garnies de rubans que l'on distribue aux Paysans & Paysannes.*)

LE BARON.

Ah ! ah ! Une foire !....

LE PRÉCEPTEUR.

On veut donner des rubans aux Acteurs de la fête. (*Aux Paysans.*) Allons, prenez, mes enfans.

D ij

Oh ! il n'y a pas de choix ; ils font tous d'une même couleur.

LA BONNE.

La joie eſt la même dans les deux Troupes ; il ne faut point de différence dans ce qui la déſigne.

LE BARON.

Très-bien vu, très-bien.

LA BONNE.

Mais, écoutez ceci.

(*Elle marque plus d'attention à ce couplet.*)

UNE JEUNE PAYSANNE.

J'venons fêter vot' Seigneur ;
V'là-t-il pas qu'vous fêtez l'nôtre ?
J'voulons tous peindre not' cœur :
V'là-t-il pas que j'peignons l'vôtre ?

LA NOURRICE.

Ici j'ons mêmes douceurs,
De l'un & de l'autre Maître :
L'Amitié n'y doit paroître
Que fous les mêmes couleurs.

LA BONNE, *au Marquis & au Baron.*

Petite diſpute douce de village à village, ſur l'attachement.... l'amitié..... C'eſt un couplet que nous nous ſommes permis, Monſieur Dupuis & moi.

LE MARQUIS.

Très-bien, Madame.

LINDOR, *au Baron.*

Mais, voici une petite boutique, où je crois que l'on a quelque choſe à vous offrir.

(Le petit Marchand donne un verre à facettes au Baron.)

LE BARON.

A moi? Ah! une lunette d'approche?

LE PAYSAN.

Monseigneur, c'est une lorgnette pour voir vingt fois la même chose : c'est quasiment fait pour notre amitié.

LE BARON.

Ah!.... un verre à facettes.... & des vers ! Lisons :

(*Il lit.*)

« Ce verre a l'heureux avantage
» De multiplier les plaisirs ,
» En répétant cent fois l'image
» De ce qui flatte nos desirs :
» Servez-vous-en pour voir le zèle ,
» Que nous avons à vous fêter ;
» Vous verrez qu'il se renouvelle
» A force de se répéter ».

(Au Marquis , avec joie.)
Vous jouissez, Marquis.

LE MARQUIS, *regardant Monsieur Dupuis.*
Monsieur Dupuis..... hum....... C'est de lui?

LE PRÉCEPTEUR.

Vous seriez bien fâché que cela n'en fût pas.

LINDOR, *avec humeur.*
Mon pere ne veut pas croire que je puisse rien faire de bien.

D iij

HÉLENE, *avec un peu d'humeur.*

Réellement, Monfieur le Marquis, vous êtes impatientant.

LINDOR.

Oh ! je fuis fait à cela.

LE BARON.

Je garde ton préfent & tes vers.

LINDOR, *à Hélène.*

J'efpere que Mademoifelle voudra bien auffi accepter des tablettes que le petit Marchand lui offre.

HÉLENE.

Mais, ce n'eft point ma fête.

LE BARON.

Prends, ma fille, prends..... (*Feuilletant les tablettes.*) Mais voyons cependant.... voilà des vers !....

LINDOR.

Je vais vous les lire.

(*A Hélène.*)

« Par ce petit préfent l'amitié vous rappelle
    » Qu'il eft doux de s'occuper d'elle ;
» Il ne nous fert de rien, nous pouvons vous l'offrir ;
    » Car le plaifir que vous nous faites
  » A tous les cœurs fe fait fi bien fentir
    » Qu'on n'a pas befoin de tablettes,
    » Pour en garder le fouvenir.
» Mais à vous attacher au féjour où vous êtes,
    » Quand nos cœurs trouvent tant d'appas,

» Hélène, ne nous dites pas :
» Rayez cela de vos tablettes ».

HÉLENE, *prenant les tablettes.*

Certainement, je ne vous le dirai pas.... Elles font très-jolies.... mais beaucoup moins que les vers.

LE BARON, *au Marquis.*

Mais, convenez donc que c'eft charmant.....
Vous écoutez cela d'un fang-froid qui me glace.

LE MARQUIS.

Bon!... Monfieur Dupuis veut que je croye....

HÉLENE, *en examinant les tablettes, fait partir un reffort qui découvre un papier qu'elles renferment.*

Ah!..... (*Avec joie & furprife.*) Ce n'eft pas tout.

LE BARON.

Qu'eft-ce que c'eft?

HÉLENE.

Il y avoit un fecret dans ces tablettes que j'ai découvert, fans m'en douter; & voici fûrement encore quelques nouveaux traits de l'efprit de Lindor.

LINDOR, *avec précipitation.*

Non, non, ne lifez pas...... ce fera fûrement l'adreffe du Marchand.

LE BARON, *tirant la lettre des mains de fa fille.*

Ne lui rends pas, donne.....

D iv

LINDOR.

Eh ! non, Monsieur, ne lisez pas.

LE BARON.

Modestie d'Auteur, dont je ne suis pas dupe.

LE MARQUIS, *au Précepteur.*

Qu'est-ce que c'est donc ?

Monsieur DUPUIS.

En honneur, je n'en sais rien.

LE BARON, *à Lindor.*

Non, tu n'auras pas tes vers..... Je ne veux rien perdre de tout ce que tu as fait.

(*Il lit.*)

MADEMOISELLE,

« C'est bien hardi, ce que je vais vous dire ;
» mais, si je ne vous le dis pas, il faudra donc
» que je souffre toujours ; & en vérité, je n'en
» ai plus la force ; car il y a plus d'un an que
» je vous aime.....

(*A Lindor.*)

C'est de la profe, tu as raison..... (*Il continue.*)

» Et tenez, Mademoiselle, jugez-en sur l'im-
» patience que j'ai de me marier. Serois-je si im-
» patient, si ce n'étoit pour être avec vous, tou-
» jours avec vous ? Quand je songe que c'est toute
» la vie !... Combien je serois heureux, & heu-
» reux de vous rendre heureuse ! car vous le seriez ;
» je connois bien mon cœur. Aimez-moi donc,
» Mademoiselle, & dites-moi une fois : je vous
» aime. C'est si-tôt dit.... & cela me feroit tant
» de plaisir !... Mais, par grace, que tout ceci
» soit à l'insçu de votre Bonne......

LE MARQUIS, *à Lindor.*

A l'infçu!....

LE BARON, *continuant.*

» Et fur-tout, de Monfieur vôtre pere.....

LE MARQUIS, *regardant fon fils d'un œil*
févère.

Monfieur!....

LE BARON, *continue.*

» Le mien lui dit fi fouvent que je fuis jeune,
» que peut-être il le perfuaderoit, & que je fe-
» rois perdu ; car, en vérité, je n'ai pas la force
» d'attendre.

» J'ai l'honneur d'être, avec l'amour le plus
» tendre & le plus profond refpect,

    » Mademoifelle,

          » Votre très-humble, très-
          » obéiffant ferviteur &
          » fidèle Amant,

                LINDOR.

LE MARQUIS.

A l'infçu!... Vous êtes bien ofé !....

LINDOR.

Mon pere !

LE MARQUIS, *d'un ton févère.*

Allez dans votre chambre, Monfieur, & n'en
fortez pas fans mon ordre.

LINDOR.

Ah ! je fuis perdu......

LE MARQUIS, *bas au Précepteur.*

Suivez-le, Monfieur Dupuis.

SCENE IX.

LE BARON, LE MARQUIS, LA GOUVERNANTE, LA NOURRICE ET LES PAYSANS.

LE BARON, *à sa fille.*

EH! le trait est un peu léger.

HÉLENE, *avec embarras.*
Un peu léger.

LA GOUVERNANTE.
Mais très-léger.

LE BARON.
Mais c'est l'âge qu'il faut juger.

LE MARQUIS.
Non ; c'est l'esprit qu'il faut juger :
Pardonnez-lui.

LE BARON.
Croyez...

LE MARQUIS.
Jugez de mes allarmes.

HÉLENE.
A regret je vois vos allarmes.

LES PAYSANS.
Pardonnez-lui.

LE MARQUIS, *aux Paysans.*
Laissez....

LES PAYSANS.

Voyez nos larmes.

LA NOURRICE AVEC LES PAYSANS.

Man'zelle eſt faite pour charmer.

Eſt-ce un ſi grand mal que d'aimer ?

{ (*à Hélène*.) Parlez pour lui.

HÉLENE.

{ Je ne le puis.

LE MARQUIS.

Laiſſez , bonne Nourrice.

LES PAYSANS.	LA NOURRICE.
Il ne voit rien de ſi gentil ;	Il ne voit rien de ſi gentil ;
Queu ſi grand. tort Lindor	Queu ſi grand tort l'enfant
a-t-il ?	a-t-il ?

{ Mon bon Seigneur !

HÉLENE ET LA BONNE.

{ Qu'elle a bon cœur !

LE MARQUIS, *à la Nourrice.*

Oui , je vous rends juſtice.

LA NOURRICE, *au Marquis.*

Son ſtartagême eſt ſi plaiſant !

Y a tant d'eſprit ! convenez-en....

LE MARQUIS.

Vous pleurez.... belle Hélène.

HÉLENE , *cherchant à cacher ſes larmes.*

(*A part.*)

Moi, Monſieur?... Quelle gêne !

LA NOURRICE.

Quel tourment ! Quelle peine !

LE BARON.

Eh ! le trait eſt un peu léger.

HÉLENE , *avec embarras.*

Un peu léger....

LA BONNE.
Mais très-léger.
LE BARON, *d'un ton de bonté.*
Mais c'eft l'âge qu'il faut juger.
LE MARQUIS.
Eh! c'eft l'efprit qu'il faut juger.
TOUS LES PAYSANS.
De la douceur....
LE MARQUIS.
Seroit foibleffe.
Le danger preffe....
Tant d'ardeur....
LES PAYSANS.
Et tant de jeuneffe!
LE MARQUIS.
{ Puis-je trop ufer de rigueur?
LE BARON, *aux Payfans.*
{ Je n'ofe blâmer fa rigueur.
LA NOURRICE ET LES PAYSANS.
L'amour, qui vient, fans qu'on y penfe,
S'en va fouvent tout comme il eft venu.
(*Au Marquis.*)
Moins de rigueur....
LE MARQUIS.
De l'indulgence!
Non, non; c'eft un point réfolu.
LE BARON, HÉLENE, *piquée*, ET LA BONNE.
{ Eh! non; c'eft un point réfolu.
LES PAYSANS.
{ Allons; c'eft un point réfolu.

Fin du fecond Acte.

ACTE III.

Le Théâtre repréfente un Sallon terminé par une Galerie.

SCENE PREMIERE.

LE MARQUIS, LA NOURRICE.

LA NOURRICE, *en pleurant.*

Oui, Monfeigneur, j'ons là fa Lettre :
Mais fans votre aveu, Monfeigneur,
   Je n'ons pas voulu la remettre.
    Croyais que, fi j'avons bon cœur,
   Je n'en avons pas moins d'honneur.

Je lui difions : « c'eft nous commettre....
Il m'adouciffoit en pleurant....
Il pleuroit tant en écrivant....
Je promettions... fans lui promettre....
Car le ferre-cœur eft bien grand,
Quand on voit pleurer fon enfant.

Oui, Monfeigneur, &c.

LE MARQUIS.

Eh ! quel temps Lindor a-t-il donc pris, pour écrire encore à Hélène ?

LA NOURRICE.

Pendant que j'étois avec lui pour le confoler, comme vous l'aviez permis, vous avez fait appeller M. Dupuis; & not' jeune Monfieur a pris ce temps pour écrire la Lettre à Man'zelle Hélène, & me la donner vîte, avant que Monfieur Dupuis fût arrivé.

LE MARQUIS.

Donnez-la-moi,

LA NOURRICE, *lui préfentant la Lettre.*

Mon bon Seigneur, vous allais l'ouvrir ?

LE MARQUIS.

Mais non.... (*A part.*) je fonge..... Bonne femme, gardez cette Lettre, & n'en parlez point... Je confentirai peut-être que vous la rendiez à Hélène, devant fon pere, ou fa Bonne, s'entend: retirez-vous, & allez m'attendre chez moi jufqu'à ce que j'aie parlé au Baron qui ne tardera pas à me joindre.

(*La Nourrice fort.*)

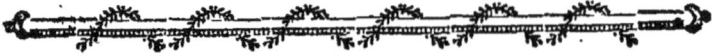

SCENE II.

LE MARQUIS, *feul.*

Mon fils fe défole..... tant d'amour à fon âge!.... Il y a plus d'un an qu'il a la tête prife.... C'eft ma faute. J'aurois dû ne pas traiter fi légèrement une impreffion qu'il fera, je crois, bien difficile de détruire.... Mais Hélène!...,.-Hélène a plus que de l'amitié pour Lindor. Monfieur Dupuis l'avoit bien jugé; &, quoique j'aie feint vis-à-vis de lui de n'en rien croire, cette petite fête réciproque..... les éloges réitérés de Lindor.... Oui, oui, fuivons mon projet. Mais voici le Baron.

SCENE III.

LE MARQUIS, LE BARON.

LE MARQUIS.

Je ne fçais, Baron, quelles excufes vous faire.

LE BARON.

Eh! Marquis, fi c'eft pour cela que vous vouliez me parler, vous devez croire que je ne regarde ce qui s'eft paffé, que comme une étourderie de jeune homme qui n'en a pas fenti les conféquences.

LE MARQUIS.

Mais sûrement vous les sentez comme moi ?

LE BARON.

Franchement j'aurois autant aimé que cette scène n'eût pas eu tant de témoins : mais le mal est fait ; d'ailleurs, Lindor est dans un âge qui excuse tout. Oh ! s'il avoit seulement l'âge de ma fille.

LE MARQUIS.

Il seroit inexcusable.... mais..... je serois peut-être moins embarrassé.

LE BARON.

Eh ! mon ami, il en seroit plus à plaindre....
L'éloignement que ma fille a pour le mariage....

LE MARQUIS.

Hum, hum....

LE BARON.

Comment ?

LE MARQUIS, *le regardant avec embarras.*

Mon cher Baron.... tenez.... mais je n'oserai jamais.....

LE BARON.

Je ne vous conçois point ; quel embarras !

LE MARQUIS.

C'est qu'en effet la confidence est délicate.

LE BARON.

J'en sentirai mieux le prix.

LE MARQUIS, *tendrement.*

Il y va de mon bonheur.

LE BARON.

LE BARON.

Et vous héfitez ? vis-à-vis de moi ? Eh ! Marquis, devrois-je avoir befoin de vous raffurer ? Ne fuis-je pas votre ami ?

LE MARQUIS.

Oui, vous l'êtes ; & ce titre feul m'encourage & m'excufe.

LE BARON, *avec un peu d'impatience.*

Enfin ?

LE MARQUIS, *tendrement.*

Mon cher Baron, vous êtes père....

LE BARON, *avec plus d'impatience.*

Je le fçais bien.

LE MARQUIS.

Vous pardonnerez bien à un père auffi tendre, de chercher des confolations ?

LE BARON.

Eh ! au fait, au fait.... par pitié pour moi.

LE MARQUIS.

Ah !... j'y viens. Me permettez-vous de vous demander fi vous êtes bien fûr d'avoir lu dans le cœur d'Hélène ?

LE BARON.

Eh ! mon cher Marquis, je vous l'ai dit cent fois : fes fentimens ne me font que trop connus. Je n'ai d'objet que fon bonheur ; rien ne manqueroit au mien, fi elle vouloit fe marier : chaque parti que je propofe femble renouveller en elle le goût de la retraite, qu'elle eût déja fatisfait, fi elle n'étoit combattue par l'amertume qu'elle répandroit fur ma vie.

E

LE MARQUIS.

Un moment, un moment...... Si ses refus avoient un objet?

LE BARON.

Je le sçaurois.

LE MARQUIS.

Mais écoutez-moi, mon cher Baron ; vous m'avez dit, (& chaque jour me l'a prouvé) qu'elle se plaisoit ici plus que par-tout ailleurs.

LE BARON.

C'est vrai. Mais vous êtes mon ami ; je me plais chez vous, & l'attachement que ma fille a pour moi, lui fait partager le plaisir que j'y trouve.

LE MARQUIS.

La gaieté de complaisance & de réflexion est bien froide ; celle d'Hélène me paroît bien naturelle.... Pardonnez...... mais.... je crois que mon fils n'y contribue pas peu.

LE BARON, *vivement..*

Comment! qu'elle l'aimeroit?

LE MARQUIS.

Mais jugez-en.

Si je gronde quelquefois,
Sur des riens.... qui blessent un père :
Hélène souffre.... Je la vois
Rougir, l'excuser la première.
Pour donner le tort au Censeur,

Pour m'amener à la douceur,
L'adreffe d'Hélène eft extrême....
Que fait-on de plus, quand on aime?

En ces lieux elle a l'air content....
Elle y parle moins de retraite;
Si Lindor s'abfente, à l'inftant
Hélène eft rêveufe, diftraite;
S'il paroît, on voit fuir l'ennui,
La gaité revient avec lui....
Hélène enfin n'eft plus la même.....

LE BARON.

Eh! mais, Marquis....

LE MARQUIS.

Eh! mais, Baron....

LE BARON.

Vous pourriez bien avoir raifon.

TOUS DEUX.

Que fait-on de plus, quand on aime?

LE MARQUIS, *d'un ton plus raffuré.*

Hélène nous déguife encor
Un feu que j'ai cru reconnoître;
Son cœur lui parle pour Lindor,
Dont l'âge l'allarme peut-être....
Lui dit-on qu'il n'a que quinze ans:
« Jugez, dit-elle, fes talens;
» C'eft l'efprit, c'eft la raifon même ».

TOUS DEUX.

Que dit-on de plus, quand on aime?

LE BARON, *rêveur.*

En effet, plus j'y songe....

LE MARQUIS.

Mais tenez, n'y eût-il que cette petite fête...
l'objet de mon fils, en nous la donnant.....

LE BARON, *vivement.*

Étoit clair.

LE MARQUIS.

Celui d'Hélene....

LE BARON, *rêveur.*

Ne me le paroît pas moins.

LE MARQUIS, *plus affirmativement & vivement.*

Même objet, mêmes sentimens; l'amour a tout
conduit; & tantôt, si vous y avez pris garde,
l'étourderie de Lindor.....

LE BARON, *vivement.*

A paru l'affecter.

LE MARQUIS, *vivement.*

La déconcerter; ne prenons pas le change.

LE BARON.

Elle a rougi.....

LE MARQUIS.

Et pleuré..... & un aveu qui gêne une femme
peut la faire rougir, mais ne la fait pas pleurer.
Tenez, j'y vois clair : l'étourderie a excité la
rougeur; mais croyez que l'étourdi a fait couler
les larmes.

LE BARON.

Vous avez raison, Marquis.

LE MARQUIS.

Mais me pardonnerez - vous.?

LE BARON, *avec joie & très-vivement.*

Quoi! de m'éclaircir fur mon bonheur?

LE MARQUIS, *vivement & avec tranſport.*

Votre bonheur? Vous conſentiriez donc à faire le mien?

LE BARON, *tranſporté de joie.*

Si j'y conſentirois? Et vous prévenez ma demande. Songez donc..... je ſuis dans une joie!...
Ah! mon ami, il eſt aimé.... tout me le dit....
Peignez-vous donc bien ma ſatisfaction..... &
vous la reſſentez comme moi.... Pardon... mais
voyez donc quelle différence! ma fille rendue
au vœu de ſa famille, à ma tendreſſe, à la vôtre;
car elle l'aura.

LE MARQUIS.

Elle l'aura? Dites donc qu'elle l'a déja.

LE BARON, *dans la plus grande joie.*

Eh! oui, oui, oui.

TOUS DEUX, *avec tranſport, & ſe ſerrant
mutuellement dans leurs bras.*

Ah! mon Ami! c'eſt un rayon d'eſpoir;
Mais qu'il me plaît!... mais qu'il me flatte!
Comme vous je dois l'entrevoir,
Lindor n'aime point une ingrate.

Il eſt aimé, tout doit nous le prouver :
Qu'à ſon ſecours l'amitié vole.
Eſt-ce à la Nature à rêver,
Plus que l'Amour qui la conſole ?

Ah! mon Ami, &c.

S'il eſt jeune, l'Amour l'éclaire ;
Pour guide encore il a nos yeux ;
Et l'on ſçait tout, quand on ſçait plaire.
Ces chers enfans ! ſerrons leurs nœuds :
      Tout nous en preſſe,
      Raiſon, tendreſſe,
Nature, Amour, tout eſt pour eux ;
Et notre cœur nous dit ſans ceſſe :
Quel objet plus cher à nos vœux,
Que de voir nos enfans heureux !

Ah! mon Ami ! &c.

※

LE BARON, *très-vivement.*

Occupons - nous donc des moyens les plus prompts de faire le bonheur de ces chers enfans.

LE MARQUIS.

Le point eſſentiel, & qui n'eſt pas le moins difficile feroit de tirer adroitement d'Hélène le ſecret qu'elle nous cache.

LE BARON.

Et vraiment oui, de l'amener à en faire l'aveu.

LE MARQUIS.

Le hazard vient de nous ſervir.

LE BARON.

Comment ?

LE MARQUIS.

Vous fçavez que j'ai configné mon fils dans fa chambre. Il a profité de l'abfence de M. Dupuis pour écrire à Hélène.

LE BARON, *avec joie.*

Elle ne m'en a rien dit, mon ami.

LE MARQUIS, *vivement.*

Elle n'a point reçu la Lettre : écoutez. Sa bonne nourrice, à qui j'avois permis de le voir, s'eft chargée, par tendreffe, de fa commiffion, & attend ma permiffion pour l'exécuter..... Si je faifois remettre cette Lettre à Hélène devant vous ?.... L'impreffion qu'elle feroit fur elle....

LE BARON.

Pourroit amener ce que nous cherchons.....: Comme la tendreffe nous fert & nous éclaire!

LE MARQUIS.

Voici Hélène & fa Bonne, je vous laiffe. Amenez le moment, je fçaurai le faifir. (*Il fort.*)

LE BARON.

Écoutez. Je congédierai la Bonne, ce fera votre fignal.... La voici, modérons notre joie, & tâchons de nous contenir.

SCENE IV.

LE BARON, HÉLENE, LA BONNE.

LE BARON, *jouant l'air embarrassé.*

EH bien ! ma fille, te voilà rêveuse.

HÉLENE, *presque les larmes aux yeux.*

Mais, mon père.... mais quelle fête !
L'on s'occupe d'amusemens,
A la gaité chacun se prête ;
Et dans les plus heureux momens,
L'Amour vient changer en tourmens
Tous les plaisirs que l'on apprête.

Chacun murmure, on pleure, on plaint
Un cœur si jeune & si sensible ;
Son père affecte un air paisible,
Et laisse voir tout ce qu'il craint
D'un cœur trop jeune & trop sensible.....
Vous-même avez l'air plus contraint.

LE BARON.

Moi ?

HÉLENE.

Vous.... l'air moins tendre, mon père,
Jusqu'à ma Bonne....

LA BONNE.

Moi !

HÉLENE.
Vous.

LA BONNE.
Moi,

{Que votre douleur désespère !
LE BARON.
{Mais ta douleur nous désespère.

HÉLENE, *sans les écouter.*
{Mais je le sens, mais je le voi.
LE BARON.
{Ma chere enfant, mais calme-toi.

HÉLENE.
Mais, mon père.... mais, &c.

LE BARON.

Eh! mais, ma chere Hélène, je t'ai amenée chez mon ami, pour t'y procurer des amusemens; si tu n'y trouves que de la tristesse, partons.

LA BONNE, *vivement.*

Ce seroit le plus sûr; je le disois à Mademoiselle.

HÉLENE, *avec impatience.*

Eh! ma Bonne, je le sçais; mais vous ne songez qu'à moi : & mon pere ? (*Avec un peu d'aigreur,*) vous voulez donc l'exposer à se brouiller avec son ami?

LA BONNE, *toute troublée.*
Moi, Mademoiselle, je ne veux rien.

LE BARON.
Elle a raison.

HÉLÈNE.

Comment ? Un départ fi brufque affligeroit le Marquis, aggraveroit les torts de fon fils.

LE BARON, *très-vivement.*

Oh ! s'il n'étoit queftion que du fils. . . . .

HÉLÈNÉ, *avec embarras.*

Eh ! fans douté . . . . .

LE BARON.

Ce n'eft pas qu'il ne foit intéreffant.

HÉLÈNE.

Oui . . . . . mais il me femble que ce feroit prouver que nous regardons comme une offenfe, ce qui dans le fond n'eft. . . . .

LE BARON.

Qu'une étourderie.

HÉLÈNE, *avec douceur.*

Oh ! . . . . une imprudence.

LA BONNE, *avec aigreur.*

Imprudence ! . . . . oh ! oui . . . . . mais il faut rendre juftice à M. le Marquis ; rien de mieux que la févérité dont il en a ufé.

LE BARON.

Eh bien ! Madame, je ne fuis point de vôtre avis : il falloit tourner en plaifanterie ce qui s'eft paffé, au lieu qu'en prenant le ton grave, (*fei-gnant d'abonder dans le fens de fa fille*), il nous forçoit de l'imiter, nous embarraffoit même ! . . . N'eft-ce pas, ma fille ?

HÉLÈNE, *fe radouciffant.*

Affurément, mon père . . . . qu'après cela, il

eût pris fon fils en particulier, qu'il lui eût fait fentir fon tort; c'étoit à fa place : il fe le devoit, il nous le devoit même; mais devant fes payfans, devant les vôtres, une mortification publique....

LA BONNE, *plus doucement.*

Mais l'imprudence l'étoit.

LE BARON.

Eft-ce la faute de Lindor, fi fon fecret a échappé? Il y avoit mis tout le myftere néceffaire.

LA BONNE.

Ce qui le rend plus coupable, Monfieur....: comment! une Lettre, une Déclaration en forme?

HÉLENE, *avec humeur.*

Eh bien!...

LE BARON.

Le Marquis a eu tort, fur-tout, aimant tendrement fon fils, & connoiffant fa fénfibilité.... Auffi cela doit te fervir de leçon.

HÉLENE.

A moi, mon père?

LE BARON.

Eh! oui, tu ne parlois que de l'efprit de Lindor, de fes talens.....

HÉLENE, *avec trouble.*

Eh bien, mon père?

LE BARON.

Et fouvent même, quand il étoit préfent...:

LA BONNE, *très-vivement.*

Monfieur, j'ai été tentée vingt fois d'en prévenir Mademoifelle.

HÉLENE.

Comment, ma Bonne!....

LE BARON.

Écoute donc, nous ne voulons pas te fâcher.

HÉLENE.

Mais ai-je fait autre chofe que ce que vous faifiez vous-même?

LE BARON.

Oh! c'eft différent.

LA BONNE.

Très-différent..... Les éloges de ce qu'on aime flattent..... Une jeune tête prend pour le fuffrage du cœur, ce qui n'eft que celui de l'efprit.

HÉLENE, *avec impatience.*

Le cœur..... l'efprit..... Eh! ma Bonne!.....

LE BARON, *à la Bonne.*

Laiffez-nous.

(*Elle fort.*)

SCENE V.

LE BARON, HÉLENE.

HÉLENE.

Qu e d'allarmes pour un aveu !
Quels propos, pour un fimple éloge !
Souffrez que je vous interroge :
Pour vous ma peine eft-elle un jeu ?...
Parlez, mon père,
Que faut-il faire ?...
Que d'allarmes pour un aveu !

Pour un objet qu'on plaint, qu'on aime,
J'écoute un inftant la pitié....
Et, pour raffurer l'amitié,
Je confulte votre cœur même....
Faut-il partir ? Partons.
Faut-il refter ? Reftons.
Mais diffipez mon trouble extrême.

Que d'allarmes, &c.

LE BARON, *tendrement.*

Eh ! bien, pardon, ma chere enfant : j'ai
tort ; d'autant que je parierois que la févérité du
père aura ramené l'efprit du fils.

HÉLENE, *avec embarras.*

Eh ! fans doute, cela fe peut.

LE BARON, *voyant arriver la Nourrice.*

D'ailleurs , entre nous, je ne puis lui favoir mauvais gré à un certain point de te trouver aimable. Mais !.... Que voulez-vous, Nourrice ?

SCENE VI.

LA NOURRICE, LE BARON, HÉLENE.

LA NOURRICE, *en pleurant.*

Monsieur..... c'eft que not' jeune Monficur...: Oh! cela vous feroit pitié! .. il pleure, pleure.... Oh ! mais, c'eft que faut voir ça..... Allez, Man'zelle, il paroît bien fâché de tout ce qu'il a fait.

LE BARON, *à part , à Hélène.*

Je te le difois bien.....

HÉLENE.

Il eft fâché de ce qui s'eft paffé ?

LA NOURRICE.

Fâché !.... qu'il en pleure, & que je ne fais pas comment il pouvoit y voir à vous écrire cette lettre, qu'il m'a enchargée de vous apporter de fa part.

HÉLENE.

Une lettre ?.... Je ne puis, ni ne dois la recevoir.

LE BARON, *feignant de l'approuver.*

Il eſt vrai que..... (*A part, à Hélène.*) Ah ! cependant, il reconnoît ſa faute, dit-on ; il te prie ſûrement de le réconcilier avec ſon père.... (*Helene a l'air d'héſiter.*) Donnez, la Bonne..... laiſſez-nous, & dites-lui que je me charge de lui répondre.

(*La Nourrice ſort.*)

SCENE VII.

LE BARON, HÉLENE.

LE BARON.

Voyons un peu comment il s'y prendra pour s'excuſer..... tiens, lis.....

HÉLENE.

Mais, mon père.....

LE BARON.

Lis..... bon !....

HÉLENE *lit la lettre d'une voix tremblante, & le Baron marque de moment en moment la joie intérieure qu'il reſſent de ſon trouble.*

» Ah ! Mademoiſelle, quelle affreuſe ſitua-
» tion ! qu'il eſt douloureux, quand on a mon

« cœur, d'être humilié devant ce qu'on aime, &
» de l'être par tout ce que nous devons ref-
» pecter ! Vous êtes bien ofé, m'a dit mon
» père ! S'il favoit auffi ce qu'il m'en a coûté....
» combien il faut de courage pour rifquer une
» démarche qui décide en un inftant du bonheur
» ou du malheur de ma vie !....

(*S'interrompant.*).

Mais, mon père, fi vous acheviez ?.....

LE BARON.

Tu lis fi bien !

HÉLENE, *avec plus de trouble.*

Où en étois-je ?

LE BARON.

Au malheur de fa vie.

HÉLENE *continue.*

» Malheur de ma vie.... M'abandonnerez-vous
» à tout mon défefpoir, quand il ne faut qu'un
» mot de vous pour obtenir mon pardon de mon
» père, pour m'empêcher d'être perdu pour lui ?...
» Oui, Mademoifelle, perdu pour lui ; je me
» connois ; je pleure, je me défole.... je fuis dans
» un état, que je ne fais comment je fais pour
» y tenir. La feule chofe qui me calme un peu,
» c'eft de me dire : » Elle fait, au moins, que
» je l'aime, que je l'aimerai toujours. Mais avec
» cela, charmante Hélène, fi votre amour ne
» juftifie le mien ; fi vous me refufez enfin pour
» votre mari..... c'eft comme fi vous me difiez :
» Meurs, je le veux..... je vous affure que vous
» feriez bien vîte obéie.

» Réponfe

» Réponſe, belle Hélène, par grace, par pitié ;
» je vous aſſure que cela preſſe : ſongez que les
» momens ſont bien longs quand on ſouffre, &
» qu'enfin il n'en faut qu'un pour mourir ».

(Elle rend la lettre à ſon père, ſans le regarder, &
ſe détourne pour cacher ſes larmes.)

LE BARON, *reprenant la lettre & conſidérant ſa fille.*
Tu gardes le ſilence.... & tu pleures ?...

HÉLENE.

Mon père !...

LE BARON.

Ton père ! Eh ! ce nom ſeul t'accuſe de rigueur.
Eſt-il en toi de laiſſer à mon cœur
Un juſte reproche à te faire ?

HÉLENE.

Hélas !...

LE BARON, *en reproche tendre & animé.*
Tu n'oſes donc m'avouer ton ardeur ?...
Cet aveu manque à mon bonheur,
Et ton ſilence le diffère !
(Le Marquis arrive ſur la fin de cette Scène.)

HÉLENE.

Épargnez-moi, je m'accuſe à vos yeux.

LE BARON, *tendrement.*
Etoit-ce à l'Amour à t'apprendre
A te défier d'un cœur tendre
Dont ton ardeur comble les vœux ?

F

HÉLENE, *tombant à ſes genoux.*

{ Pardon, cent foïs pardon ; je m'accuſe à vos yeux.

LE BARON, *la relevant.*

{ Mais dis-moi donc.   { Lindor a ſçu me plaire.

HÉLENE. { Oui, Lindor m'a ſçu plaire.

Mais.

LE BARON.

Quoi ?

HÉLENE.

Mais, je craignois.

SCENE VIII.

LE BARON, HÉLENE, LE MARQUIS.

LE MARQUIS, *à Hélène.*

DE me voir trop heureux ?

HÉLENE, *avec ſurpriſe, appercevant le Marquis.*
O Ciel !

{ Il m'écoutoit.... mon père.

LE BARON.

Il t'écoutoit ?

LE MARQUIS, *d'un ton de bonté.*

Oui j'écoutois.

{ Belle Hélène, pardon !....

LE BARON.

(*Avec ironie.*)

Comment pardon !.... mais le tour eſt affreux !

Guetter un cœur qui s'obſtine à ſe taire,

Quand on veut couronner ſes vœux !

HÉLENE, *déconcertée.*

J'ignorois....

LE BARON, *montrant le Marquis.*

Qu'il fût là ?...

HÉLENE.

Mais....

LE BARON.

Le tour eſt affreux !

LE MARQUIS, *au Baron.*

Eh mais ! laiſſez....

HÉLENE, *à ſon père.*

Eh mais ! ceſſez....

LE BARON.

Rougis ; gronde-moi, ſi tu veux.

HÉLENE, *avec moins d'embarras.*

Oui, j'aime, & n'en fais plus myſtere.

LE BARON.

Mais dis-lui donc : Lindor a ſçu me plaire.

HÉLENE.

LE BARON, *inſiſtant d'avantage.*

Mais dis-lui donc : { Lindor a ſçu me plaire.

HÉLENE.   { Oui, Lindor m'a ſçu plaire ;

J'en fais l'aveu.

LE MARQUIS, *tranſporté.*

Heureux aveu !

LE BARON, *d'un ton de plaiſanterie.*

Après l'aveu, rougis ; gronde-moi, ſi tu peux.

TOUS TROIS.

Plus de contrainte, plus d'allarmes,

Preſſons des momens précieux.

De l'Amitié l'Amour ſèche les larmes ;

Que de leur doux accord l'Hymen forme les nœuds.

LE BARON.

Mon ami, allez donc vîte délivrer notre prisonnier; ce n'est plus à vous à disposer de sa liberté, c'est à Hélène.

LE MARQUIS.

Aussi, j'attends ses ordres.

LE BARON, *avec ironie.*

Tu le veux bien, n'est-ce pas, ma fille?

HÉLENE, *riant.*

Oui, mon père.

LE MARQUIS.

Holà! quelqu'un.... faites descendre mon fils, & dites-lui qu'il vienne me parler.

HÉLENE.

Mais, Monsieur, vous ne lui annoncez pas son pardon.

LE BARON, *en riant.*

C'est une douceur que nous voulons te laisser.... Mais regarde-nous donc; on diroit que tu rougis de nous rendre heureux.

HÉLENE.

Non, mon père; j'ai votre aveu pour dire qu'on ne doit point rougir d'aimer ce que tout le monde trouve aimable.

LE BARON, *riant, au Marquis.*

Nous l'avons pourtant amenée là, mon ami!.... Et la seconde lettre de Lindor.... (*Il la lui donne.*) Elle a eu tout l'effet que vous en attendiez.

HÉLENE.

Quoi!.... Monsieur?....

LE BARON.

Étoit, ainſi que moi, dans la confidence de cette lettre.

HÉLENE.

Ah! mon père!....

LE BARON.

Tu n'as pas voulu me charger de faire ton bonheur ; il a bien fallu que j'en priſſe la peine moi-même.

LE MARQUIS, *reprenant le ton grave.*

Voici Lindor.

***

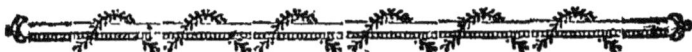

SCENE IX ET DERNIERE.

TOUS LES ACTEURS.

LE MARQUIS.

Approchez, mon fils.... Connoiſſez-vous cette lettre ?

LINDOR, *tombant aux genoux de ſon père, & pleurant.*

Oui, mon père.... Mais, tenez, c'eſt comme ſi vous aviez lu dans mon cœur..... Que voulez-vous ?.... Enfin, voyez-la. (*Montrant Hélène.*) Oui, mon père, ſi elle n'a pitié de moi..... Si je ne vous attendris pas, belle Hélène, j'en mourrai..... C'eſt ſûr ; vous le verrez.

LE BARON.

Eh ! que diable, mon ami, vous le faites languir, & il va me faire pleurer, moi.....

Abrégeons ; j'aime mieux qu'il meure de joie que de tristesse. Viens, mon cher Lindor, embrasse-moi, lis ta grace dans les yeux d'Hélène ; &, dans les miens, le plaisir que j'ai de t'annoncer que je te la donne pour femme.

L I N D O R, *avec transport.*

Que dites-vous, Monsieur ?.... mon père !.... Quoi !. charmante Hélène !....

H É L E N E.

Oui, Lindor, je n'en dédirai pas mon père.

L I N D O R, *à ses genoux.*

Est-il possible ?

LINDOR.	LES AUTRES ACTEURS.
Ah ! quel plaisir	Même plaisir
Vient me saisir !	Vient nous saisir.

L I N D O R.

Ah, Monsieur!...ah, mon père!...ah, trop aimable Hélène!.. Votre cœur partage mes feux !

H É L E N E.

Oui, mon cœur partage tes feux.

LES DEUX PERES.

Oui, son cœur partage tes feux.

LA NOURRICE, LA BONNE, LE PRÉCEPTEUR ET LES PAYSANS *qui arrivent sur la fin de cette Scène.*

Quoi ! son cœur partage vos feux !

T O U S.

Que l'Hymen { nous / vous } enchaîne :

L'un par l'autre { soyons / soyez } heureux.

THOMAS, *au Marquis.*

Oh! çà, Monfeigneur, quand vous étiais trifte, je n'pouvions pas être gais; vous v'là tertous en joie, v'là note gaieté qui ne demande qu'à revenir....

LE MAGISTER.

Nos jeunes filles ne demandont qu'à chanter, danfer.....

BABET.

Vous le parmettez, Monfeigneur?....

LE MARQUIS.

Oui, mes enfans.

LE PAYSAN.

J'allons donc nous en donner tant qu'à des noces.

Fin du troifième & dernier Acte.

DIVERTISSEMENT

de Payfans & Payfannes.

RONDE RÉPÉTÉE PAR LES PAYSANS.

I.

LE MAGISTER.

Note D'moifelle a dit oüi ;
La v'là donc Madame !
La v'là donc Madame !
Note D'moifelle a dit oui ;
La v'là donc Madame !
J'en fuis réjoui.

Le Marié tout satisfait,
   Dit : » v'là donc ma femme !
» La v'là donc ma femme !
Le Marié nous satisfait :
   On lit dans son ame
   Queu bien ça lui fait.

I I.
B A B E T.

Un mariage où gnia que l'bien,
   C'est pas l'bon syftême,
   C'est pas l'bon syftême ;
Un mariage où gnia que l'bien,
   C'est pas l'bon syftême ;
   Ça n'va jamais bien.
Gnia pas d'bien qui foit meilleur
   Que l' queuqu'un qu'on aime,
   Que l' queuqu'un qu'on aime ;
Gnia pas d'bien qui foit meilleur,
   Que d'bailler de d'même
   Un cœur pour un cœur.

I I I.
T H O M A S.

Quand on eft ben amoureux,
   Ah ! qu'on eft ben-aife !
   Ah ! qu'on eft ben-aife !
Quand on eft ben amoureux,
   Ah ! qu'on eft ben-aife
   De fe voir heureux !
On a d's enfans à tous deux,
   Et tout ça vous baife,
   Et tout ça vous baife :
On a d's enfans à tous deux ;
   Ça fait qu'on eft aife,
   Mêm' quand on eft vieux.

F I N.

De l'Imprimerie de la Veuve SIMON & FILS, Imprimeur-Libraires de
LL. AA. SS. Meffeigneurs les Prince de CONDE' & Duc
de BOURBON, rue des Mathurins, 1771.

www.ingramcontent.com/pod-product-compliance
Lightning Source LLC
LaVergne TN
LVHW020355290425
809869LV00020B/421